AF509686

VALÉRIE MARIÉE,

OU

AVEUGLE ET JALOUSE,

DRAME EN TROIS ACTES,

PAR MM. LAFITTE ET CH. DESNOYER,

REPRÉSENTÉ POUR LA PREMIÈRE FOIS, A PARIS, SUR LE THÉATRE DE L'AMBIGU-COMIQUE, LE 20 DÉCEMBRE 1836.

> « Et songez-y donc, monsieur ! si jamais je
> » devenais jalouse !.. et je le deviendrais. »
>
> VALÉRIE, *Scribe et Mélesville.*

PERSONNAGES.	ACTEURS.
ERNEST, comte de Halzbourg, mari de Valérie (jeune premier rôle)	M. ALBERT.
VALÉRIE (premier rôle) ...	Mme ALPHONSE BLÈS.
HENRI MILNER, baron d'Olbruck, ami d'Ernest et de Valérie (2ᵉ amoureux)....	M. SAINT-FIRMIN.
CAROLINE, sa femme (grande coquette)	Mlle MATHILDE.

PERSONNAGES.	ACTEURS.
LE BARON DE SÉLIGMANN, (1ᵉʳ rôle marqué)	M. SAINT-ERNEST.
CLARISSE, sa fille (jeune première	Mlle SOPHIE.
AMBROISE, intendant (premier comique)...........	M. MONTIGNY.
BIRMANN, piqueur (accessoire).................	M. ELIE.

La scène se passe en Allemagne, chez le comte de Halzbourg, deux ans après son mariage avec Valérie

ACTE PREMIER.

Un salon de plain-pied avec jardin.

SCENE PREMIERE.
ERNEST , AMBROISE.

AMBROISE. Oui, monsieur le comte, les appartemens sont préparés ; on achève de sabler les allées.

ERNEST. Songe, mon cher Ambroise, que M. et Mme Milner viennent de parcourir la France et l'Italie... les voyageurs sont difficiles.

AMBROISE. Ah ! si on me laissait faire... mais je crains cet original de M. Séligmann... il y a quatre mois qu'en votre absence il a vendu ce château à Mme la comtesse, et il y commande encore comme s'il en était le propriétaire... taille-t-on un arbre ?.. vous défigurez mes massifs... sable-t-on une allée ?.. on gâte la nature... relève-t-on une statue sur son piédestal ?.. c'est dommage... cela faisait du pittoresque... Il faut avouer qu'avant que je ne m'en fusse mêlé, il y avait du pittoresque à vous renverser à chaque pas.

ERNEST. Que veux-tu ? le baron se détache à regret de cette propriété... il est convenu entre nous qu'il y resterait jusqu'à la fin de l'automne ; j'y suis né, me dit-il ; il y a assez d'appartemens pour que vous m'accordiez un petit coin, jusqu'à ce que la saison plus rigoureuse ait dépouillé ces beaux arbres, ce gracieux parterre... mais abandonner la nature dans ses jours de fête..!

AMBROISE. C'est-à-dire, abandonner les forêts quand le gibier y abonde encore.

ERNEST. Il est vrai que le baron aime assez la chasse.

AMBROISE. Et vous aussi, monsieur le comte, vous aimez la chasse... ou plutôt... vous aimez... qu'il y aille... ça se conçoit ; le baron a une fille charmante... et, quand il s'éloigne, Mlle Clarisse tient compagnie à Mme la comtesse.

ERNEST. Oui, et comme elle a tous les talens qui embellissent la solitude...

AMBROISE. Eh ! eh ! elle possède aussi ceux qu'on recherche dans le grand monde, autant que je puis m'y connaître... mais l'arrivée de M. et Mme Milner pourra donner un peu de repos à Mlle Clarisse.

ERNEST. Combien je serais heureux de cette arrivée... si je n'avais à les affliger... ils ont une tendresse si vive pour Valérie, si fraternelle !.. pauvre Valérie !.. quand ils sont partis, tout lui riait encore... ils ont vu notre joie, nos espérances... ils ne savent pas à quel point elles ont été déçues.

AMBROISE. Ils apprendront en même temps, monsieur le comte, que votre amitié a été bien loin de s'en affaiblir, et que ce nouveau malheur de Valérie vous a davantage encore attaché à elle.

ERNEST, *l'interrompant vivement.* Mon cher Ambroise, je ne suis pas fâché d'aller au-devant de nos amis... ne dois-je pas les prévenir ? les préparer ?.. ils ignorent toujours ce nouveau malheur de la comtesse... pauvre Valérie !.. quand ils sont partis, tout lui riait encore, et maintenant... oui, mon ami, il faut que je leur parle avant qu'ils n'arrivent auprès d'elle... donne des ordres pour qu'on me selle un cheval.

AMBROISE. J'y vais , j'y vais , monsieur le comte... (*Il regarde le comte un instant, et sa physionomie exprime une pensée de doute ; le comte, qui le croyait parti, se retourne ; Ambroise lui répète vivement.*) J'y vais.

(Il sort.)

SCENE II.
ERNEST , *seul.*

M'a-t-il deviné ? ah ! quand la conscience n'est point en repos, il vous semble que tout le monde lise dans votre cœur ; chaque regard vous effraie, chaque mot paraît avoir deux sens, et vous n'entendez que celui qui vous torture... en d'autres temps, avec quelle joie je les aurais reçus, ces bons, ces véritables amis !... Les amis de Valérie ne peuvent plus être les miens... Oh ! mes fautes ! mes fautes ! comme en ce moment vous pesez cruellement sur moi !..

(Il s'assied en rêvant. Le baron de Séligmann et Clarisse, sa fille, sont entrés pendant les derniers mots de cette scène(

SCENE III.

ERNEST, LE BARON DE SÉLIGMANN, CLARISSE.

LE BARON, *frappant familièrement sur l'épaule d'Ernest*. Eh bien ! mon jeune ami... oh ! ce n'est que nous, Séligmann, Clarisse... je crois, en vérité, que ma fille même ne vous tirerait pas de votre rêverie.

ERNEST. Monsieur le baron... (*A Clarisse, avec un regard qui doit être significatif pour elle seule.*) Mademoiselle, pardon; vous savez que j'attends des amis, et les préparatifs...

LE BARON. Oui, préparatifs qui ont un peu dérangé les nôtres! un temps superbe, et notre chasse...

ERNEST, *souriant*. Rassurez-vous, rien ne sera dérangé... seulement quelque peu de retard.

LE BARON. Oui, et en attendant le sanglier sera supplié humblement d'avoir patience... mon ami, vous faites prendre un mauvais pli aux gens qui viennent vous voir ; un maître de château reçoit, mais n'attend pas; chaque chose a son temps... La meute est-elle prête? le cor se fait-il entendre? à cheval... la cloche du déjeuner sonne-t-elle? à table!.. ainsi de suite... Messieurs les visiteurs, venez quand vous voudrez ; mais venez à temps... un château a sa règle comme un couvent; mais vous avez beaucoup vécu en France, et tout est dérangé dans ce pays-là.

ERNEST. Et pourtant, tout le monde y va... vous-même?..

LE BARON. C'est un voyage d'obligation pour tout Allemand qui a un titre et une fille... il faut bien montrer aux femmes ce paradis terrestre de la mode, où l'on fait de tout avec une si prodigieuse facilité!.. des livres d'un jour, des parures d'une heure, des journaux d'un soir, et des pièces de théâtre... je ne sais pas au juste ce qu'elles y durent, attendu que je n'y ai fait que passer ; mais, dans ce peu de temps, je me suis mis en règle, et maintenant, si quelque brave sujet de la Diète Germanique veut de ma Clarisse, il trouvera une femme qui a acquis tout le talent nécessaire pour dépenser sa dot dans le plus bref délai possible.

CLARISSE. Mon père aime à me tourmenter... (*Avec fermeté.*) Il sait bien que je ne désire pas me marier.

LE BARON. Ce que je sais bien, c'est que **toutes les filles disent la même chose.**

ERNEST, *avec un sourire forcé, en regardant Clarisse*. Et que toutes changent d'avis, n'est-ce pas ?

CLARISSE, *vivement*. Non pas moi, non... celles-là n'ont pas un père comme le mien...

LE BARON. Tu me flattes, tu espères me gagner... Tenez, monsieur le comte, vous voyez bien cette petite fille-là, avec son air si doux, sa figure d'ange... croiriez-vous bien que, depuis dix jours, elle me résiste, c'est-à-dire, elle me résiste... elle pleure, elle ne veut pas comprendre que je suis vieux.

CLARISSE. Mon père...

LE BARON. Un parti se présente, le major de Seldorf, et...

ERNEST, *à Clarisse, avec un ton de reconnaissance*. Et... vous refusez un parti si brillant ?

CLARISSE. Je suis désolée d'affliger mon père ; mais je dois... je refuse.

LE BARON. C'est son mot depuis dix jours... je refuse!.. mais il est tel secret qu'on refuse de dire à son père, et qu'une amie peut obtenir... M. de Halzbourg, nous chargerons votre femme de cette négociation.

ERNEST. Valérie !

LE BARON. Imaginez, cher comte, que lorsque j'ai quelques-unes de ces difficultés qui ne laissent pas d'exister même entre un père affectueux et une fille soumise, je la menace de prendre Valérie pour juge. Valérie ! s'écrie-elle, et elle obéit.

ERNEST. Il est vrai qu'ici, partout où l'on connaît Mme de Halzbourg, elle exerce cette espèce d'empire que donne le malheur supporté avec courage, et je sais gré à mademoiselle qu'elle lui inspire le même sentiment.

SCENE IV.

LES MÊMES, AMBROISE.

AMBROISE. Monsieur le comte, quand vous voudrez monter à cheval...

ERNEST. Oui, je vais à la rencontre de mes amis, monsieur le baron, mademoiselle, à mon retour, nous reparlerons de vos projets.

(Il sort avec Ambroise.)

SCENE V.

LE BARON, CLARISSE.

LE BARON. Clarisse, tu as entendu ce que j'ai dit au comte.

CLARISSE. Mon père, je vous en conjure, éloignez cette pensée. Mᵐᵉ de Halzbourg!.. Eh! qu'aurais-je à lui dire, à lui révéler? Si j'avais un secret, ne vous le confierais-je pas, à vous, à vous seul? La comtesse est bonne, bienveillante ; personne plus que moi ne lui rend cette justice ; mais enfin, c'est une étrangère ; vous, je connais votre cœur, votre indulgence...

LE BARON. Ma faiblesse ; oh! ces femmes! ces femmes! quand j'étais jeune, ma sœur me menait avec son amitié ; je me suis marié, ma femme m'a mené avec son amour ; et comme il est dans ma destinée de ne jamais échapper à ce diable d'ascendant, aujourd'hui ma fille me mène avec sa tendresse ; leur puissance sur moi a commencé... par ma nourrice. Oui ; mais, dans une circonstance où il s'agit de ton bonheur, de ton avenir, il ne sera pas dit que le baron de Séligmann ait manqué d'énergie. Veux-tu te marier, oui ou non ?

CLARISSE. Je désire ne jamais me séparer de vous.

LE BARON. Eh bien ! on ne me l'ôtera pas de la tête, mes soupçons sont fondés.

CLARISSE, *effrayée*. Quels soupçons?

LE BARON. Sais-tu que c'est mal, Clarisse?

CLARISSE. Mon père!

LE BARON. Bien mal.

CLARISSE, *à part*. Ciel !

LE BARON. Ce sont ces impressions de notre tournée en France... ah! maudit voyage!

CLARISSE, *rassurée*. Comment?

LE BARON. Eh! oui, oui ; ce baron d'Olbruck...

CLARISSE, *à part*. Je respire !.. j'allais mourir.

LE BARON, *tournant vivement sa fille vers lui*. N'est-ce pas que c'est cela ? Ah! l'on ne me trompe pas facilement. Il était aimable, c'est vrai ; trop aimable ; mais enfin nous avons appris qu'il était marié... Sais-tu ce que c'est, ma pauvre enfant, que d'aimer l'époux d'une autre ?

CLARISSE, *poussant un cri*. Ah!.. mon père, au nom du ciel...

LE BARON, *changeant de ton*. Comment! comment! je t'ai fait de la peine! tu pleures! maudite vivacité! ma Clarisse pleure! Eh bien! savais-tu qu'il était marié, cet homme? qui est-ce qui oserait dire que tu le savais? Il t'avait caché la vérité ; c'est tout simple, un conseiller d'ambassade!..

CLARISSE. Mon père , vous avez été trompé, la femme de M. d'Olbruck a été trompée. Avais-je à m'informer si un homme d'esprit qui me parlait de l'Allemagne, de notre patrie, était ou n'était pas marié? la vivacité de cette dame a créé tout le mal ; je n'aime personne, personne en France : je vous le jure, mon père, je n'y ai laissé aucun souvenir.

LE BARON, *reprenant sa vivacité*. Eh bien! alors, on parle ; on ne pleure pas ; on n'alarme pas les gens qui vous aiment. Me voyez-vous me confondre en excuses avec une petite fille? Ecoutez, vous vous marierez... il le faut ; vous serez heureuse, c'est ma volonté, volonté de fer.... (*Changeant de ton.*) C'est le désir de ton père, entends-tu, Clarisse? Que diantre! je fais des sacrifices : pour que tu brilles à Vienne, je vends mon château, je me défais de mes terres... faut-il que tout cela soit perdu? mon château! une vieille relique féodale dont chaque brique noircie atteste l'honorable vétusté. J'ai la douleur de le voir réparer à neuf. On donne à cet air de vieillesse majestueuse une mine coquette, brillante ; c'est une villa italienne, une maison française, que sais-je? J'ai souffert tout cela pour toi, et je veux... je veux que tu m'en saches gré.

CLARISSE. Ah! mon père, si je ne vous aimais pas, je serais la plus ingrate et la plus dénaturée des filles.

AMBROISE, *dans la coulisse*. Par ici, par ici, monsieur Milner.

LE BARON. M. Milner! nos nouveaux-venus sans doute. Allons, Clarisse, je ne suis pas jaloux, mais depuis que je ne fais plus les honneurs de céans, j'aime autant ne paraître que lorsqu'on est installé.

(*Il prend le bras de sa fille et sort par la droite.*)

SCENE VI.

AMBROISE, HENRI, CAROLINE.

(*Ils entrent par le fond.*)

CAROLINE. Mais non, mon cher Ambroise, non, nous n'avons rencontré personne.

AMBROISE. Cependant...

CAROLINE, *à Henri*. C'est vous, monsieur, qui êtes cause de cela ; vous avez donné des ordres si singuliers.

HENRI. Oui, très-singuliers ; j'ai dit au postillon de tenir toujours la grande route, et tu as exigé qu'il prît la traverse.

CAROLINE. C'est précisément cela que je vous reproche ; si vous n'aviez rien dit, je n'y aurais pas fait attention, et nous aurions été droit devant nous.

AMBROISE. C'est-à-dire que le gouvernement conjugal appartient à Mme Milner.

CAROLINE. Ambroise se souvient de ses anciens priviléges; mais tu sauras qu'il faut me porter un peu plus de respect qu'autrefois, et que la liberté de tout dire à Mme Milner est interdite avec la baronne d'Olbruck.

AMBROISE. Baronne d'Olbruck !.. ah !

CAROLINE. Baronne, et par conséquent M. le conseiller aulique partage ce titre avec moi.

HENRI. Que veux-tu, mon pauvre Ambroise? quand on a fait trois longues courses à la suite d'ambassades, c'est bien la moindre chose qu'on vous doive...

CAROLINE. J'ai fait mettre mon écusson partout, tu aurais dû t'en apercevoir, depuis la voiture jusqu'au porte-manteau; mais Ambroise ne voit rien.

AMBROISE. Je vois que madame la baronne d'Olbruck est tout aussi jolie et a autant de vivacité que l'ancienne madame Milner.

CAROLINE. Et moi, que le vieil Ambroise ne s'est point corrigé pendant notre absence. Pardonne-moi ma mauvaise humeur, c'est que, lorsqu'il y a si long-temps qu'on n'a vu ses amis, on est impatient de les embrasser... et dire qu'ils sont au loin à courir à notre rencontre, tandis...

AMBROISE. Mais.... vous m'avez mal compris, M. le comte seul est allé au-devant de vous.

HENRI. Valérie est ici !

CAROLINE. Eh bien ! que tardes-tu à nous annoncer?

HENRI, *faisant un pas.* Ou plutôt, à nous conduire vers elle?

AMBROISE, *les arrêtant, et baissant la tête.* Madame...

CAROLINE. Pourquoi nous retenir?

HENRI. Quel est ce visage sombre ?

CAROLINE. Lui serait-il arrivé quelque malheur?

AMBROISE. Le plus grand de tous.

HENRI. Tu me fais trembler.

CAROLINE. Parle.

AMBROISE. Oui, le plus grand de tous les malheurs.

HENRI *et* CAROLINE. Valérie!

AMBROISE. Vous vous rappelez que, lorsque vous obtintes cette mission qui vous força de vous éloigner, vous laissâtes Valérie heureuse, et M. le comte plus heureux qu'elle peut-être... lui qui lui avait donné le premier, le plus grand de tous les biens... lui dont les soins, le talent avaient rendu la vue à la pauvre aveugle... mais il fallait encore prendre beaucoup de précautions, ne point aller de long-temps à une lumière trop éclatante, et, comme disait M. de Halzbourg, habituer peu à peu un organe naissant à prendre de la force. Valérie, avide de toutes les émotions dont elle avait été privée, voulait les essayer toutes à la fois; le tort de M. le comte fut de l'amener à Munich ; là les occasions étaient sans nombre, les assemblées, les spectacles, les bals, elle désirait tout voir; c'était une enfant que rien ne pouvait contenir. Les arts, la science, lui offraient toutes leurs tentations; cependant les prières de son époux la rendirent plus circonspecte, et nous observâmes avec plaisir qu'elle se renfermait souvent chez elle, et que là, les rideaux de l'appartement fermés, elle demeurait seule des heures entières.

CAROLINE. Eh bien?

(Ici M. et Mme Milner prêtent plus d'attention.)

AMBROISE. Avide d'instruction, comprenant ce qui lui manquait, jalouse de mériter davantage l'amour de son mari, et de justifier son choix, elle avait pris secrètement un maître de lecture et d'écriture; elle avançait rapidement; elle voulut savoir où elle en était, essayer avec quelqu'un... elle me choisit pour confident, car elle connaissait l'amitié de son vieil Ambroise ; vous jugez de mon étonnement, je tremblai d'abord ; puis je grondai, je me fâchai ; mais elle sait son pouvoir sur moi, elle m'apaisa facilement ; elle fit mieux, elle voulait donner à M. le comte une surprise agréable, elle me mit du complot... je devins son répétiteur.

CAROLINE. Toi, Ambroise !

AMBROISE. Moi-même, moi, professeur. j'aurais voulu que vous vissiez cela, ce vieillard et cette jeune femme enfermés en tête-à-tête mystérieux, elle, assise sur un escabeau, essayant de réciter ou d'écrire quelques vers, se trompant parfois... car tous les caractères ne lui étaient pas encore familiers... et moi, pauvre homme, avec mes soixante-neuf ans, qui ne sais rien, étonné d'avoir une fois en ma vie quelque chose à enseigner à quelqu'un : vieux serviteur, ayant à mes pieds celle de qui je devais recevoir des ordres, avec pouvoir de la reprendre, de la gronder même.... de temps en temps, la peur me prenait... je ne voulais pas, je n'osais pas... mais il y avait là je ne sais quel charme ! et puis elle était si assidue, ses progrès étaient si rapides!.. le comte serait si heureux !... Un jour nous lisions Klopstock, son beau paradis, ses belles habitations des élus, son lumineux séjour des anges... Valérie, si long-temps privée de la vue, goûtait encore plus que moi ces magnifiques descriptions; tout-à-coup, et comme pour compléter l'illusion, à travers les rideaux des croisées, un rayon de soleil parut, il se glissa sur les pages du livre, et les illumina subitement... Valérie s'était arrêtée; cela continuait encore... moi, qui trouvais sa voix si douce quand elle parlait du bon Dieu et de ses anges, je me permis de lui dire : Continuez, continuez, madame... eh bien! elle ne répondait pas; je jetai les yeux sur elle; elle tenait ses deux mains sur son front ; puis, les en détachant avec force comme pour arracher un voile jeté sur elle par d'autres mains qui l'y retiendraient, elle m'appela... je craignis de comprendre: « Qu'avez-vous? qu'avez-vous, madame? » Oh! si vous aviez vu sa figure! quelle terreur! quel désespoir! ses yeux tout-à-l'heure si beaux, si expressifs, et maintenant fixes et sans vie!... sa tête s'était dirigée vers la voix qui l'appelait; mais elle ne regardait plus : « C'est toi, vieillard!... » Ambroise!.. tu n'es pas là, n'est-ce pas.— » Ne me voyez-vous pas, madame?...— » Non, non pas.. je ne vois rien..» J'ouvris les rideaux; elle se précipita vers le bruit... «Non, rien! pas même le soleil!» Et puis, se jetant dans mes bras avec désespoir : «Mon père, les ténèbres en- » core! les ténèbres et la mort!...»

HENRI *et* CAROLINE. Grand Dieu !

AMBROISE. Moi, j'étais tombé évanoui, et, quand je revins, j'appris que j'avais été malade, et qu'on avait failli perdre ma bonne maîtresse... elle était guérie aussi ; mais plus de lumière, et depuis ce temps-là tout est fini.

(Moment de silence, puis Caroline, passant devant Ambroise, lui serre la main, et va chercher celle de son mari qu'elle tient avec affection.)

CAROLINE. Henri, Valérie a besoin de nous maintenant... j'ai excité ton ambition, je t'ai entraîné loin de ta patrie... mais nos amis étaient heureux.

HENRI. Nos cœurs sont faits pour s'entendre; notre devoir est ici... Caroline, nous resterons auprès d'elle, toujours auprès d'elle.

○○○○○○○○○○○○○○○○○○○○○○○○○○ ○○○○○○ ○○○○○○

SCENE VII.
LES MÊMES, VALÉRIE.

VALÉRIE, *entrant à la gauche du public, et appelant.* Ambroise! Ambroise!

AMBROISE, *allant au-devant d'elle.* Madame...

VALÉRIE, *prenant son bras, et descendant les degrés du pavillon.* Avec qui étais-tu donc là ?.. j'ai entendu des accens, une voix !..

(Elle porte la main sur son cœur.)

AMBROISE. Moi, madame, j'étais...

VALÉRIE. Tiens, encore!.. (*tendant les bras vers l'endroit où sont placés Henri et Caroline, qui se contiennent à peine.*) Oui, là! quelqu'un pleure! des malheureux ici et tu ne me le dis pas!

HENRI. Ceux qui viennent vous retrouver, Valérie, peuvent-ils être malheureux ?..

VALÉRIE, *poussant un cri, et se précipitant vers Henri.* Ah! Henri !

CAROLINE. Valérie !

VALÉRIE. Caroline !

HENRI. Vous nous aviez devinés !

VALÉRIE, *prenant la main d'Henri, celle de Caroline, et les appuyant sur son cœur.* Ma réponse est là !... vous deux! vous deux auprès de moi!... mon Dieu! voilà la consolation qu'il fallait à ce cœur déchiré ; ceux-là sauront me comprendre... ah ! je te remercie!

HENRI. Comment?

CAROLINE. Que veux-tu dire ?..

VALÉRIE. Caroline... Henri... autrefois vous m'avez connue bien malheureuse, avant que je n'eusse recouvré la lumière ; mais alors j'étais plus calme, plus résignée à mon sort; alors je ne savais pas encore, je ne pouvais comprendre quels biens étaient perdus pour moi! ce ciel, cette nature, ce soleil si beau, si brillant que je n'ai pu qu'un instant en supporter la vue; tous ces chefs-d'œuvre, toutes ces merveilles, je ne les connaissais pas; alors je n'avais pas de regrets, pas de souvenirs, je ne soupçonnais pas même le plaisir, le bonheur de lire dans les yeux de ce qu'on aime, alors je n'avais pas vu !

HENRI *et* CAROLINE. Valérie!

VALÉRIE. Oui, je vous entends... j'ai tort aujourd'hui de pleurer de tristesse, car enfin c'est du bonheur que votre retour, et si je ne vous vois pas, du moins, après deux ans d'absence, j'ai senti vos mains dans les miennes... mes amis, n'ai-je donc à vous parler que de la pauvre Valérie? ah ! c'est mal... pardon, pardon, et dites-moi, je le veux... si depuis notre séparation vous avez toujours été heureux ?

HENRI. Oui, toujours.

CAROLINE. Puisque monsieur s'empresse

de répondre, je n'ai plus rien à dire ; cependant...

VALÉRIE. Cependant...

HENRI, *à sa femme.* Ah ! vous allez parler, madame, d'un tort qui n'est pas le mien ; mais Valérie, qui nous connaît l'un et l'autre, me rendra plus de justice ; elle vous dira que votre jalousie...

VALÉRIE, *vivement.* Caroline, tu es jalouse, toi ?

AMBROISE, *suivant tous les mouvemens de Valérie.* Ah ! mon Dieu !

CAROLINE, *à Valérie.* L'écoutes-tu ? le baron aime à plaisanter... lorsqu'il était garçon et aimable, c'était lui qui faisait de la jalousie... Cela prouvait, disait-il, tout mon mérite et le peu de valeur du sien ; à présent, qu'il est marié, et n'est plus aimable, tout cela est retourné... c'est moi qui suis jalouse, à ce qu'il dit... que veux-tu ? cela constate ce que ces messieurs s'estiment ; les maris nous donnent toujours un défaut pour qu'on leur suppose une qualité.

HENRI. A merveille !.. Valérie, venez donc à mon secours ; vous savez si je suis capable de penser à une autre que Caroline.

VALÉRIE. Non, je ne le crois pas.

CAROLINE. Ni moi non plus, je ne le crois pas ; et pourtant, il y a dix-huit mois, lors de notre séjour en France... Mlle Clarisse...

VALÉRIE. Clarisse !

AMBROISE, *à Caroline.* Ah ! madame, quel nom avez-vous prononcé ?

VALÉRIE. Clarisse ! ah ! grand Dieu !

HENRI. Qu'avez-vous ?

AMBROISE, *bas à Henri.* Vous le saurez. (*Il s'approche vivement de Valérie.*) Madame la comtesse, vous rappelez-vous, lorsque je vous voyais si chagrine, si inquiète, et que je cherchais vainement à vous prouver que vos craintes n'étaient pas fondées ?...

HENRI *et* **CAROLINE.** Ses craintes !

AMBROISE. Vous rappelez-vous ce que vous me disiez alors ? si du moins Caroline était ici, elle lirait dans mon ame, je lui dirais tout, et peut-être, Ambroise, peut-être saurait-elle comprendre mieux que moi toute la douleur que j'éprouve.

CAROLINE. Valérie... je réclame cette

parole ; tu me diras tout... il le faut... Henri...

(Elle lui fait signe de la laisser avec Valérie.)

HENRI. Je vous laisse. Ambroise, nous tâcherons ensemble de rejoindre le comte de Halzbourg.

AMBROISE. Je suis à vos ordres.

(Ils sortent.)

SCENE VIII.

VALERIE, CAROLINE.

CAROLINE. Eh bien ! nous sommes seules... pourquoi ce trouble lorsque je viens de prononcer un nom ?..

VALÉRIE. Pourquoi ?.. Caroline ! Caroline... et moi aussi, je suis jalouse !

CAROLINE. Toi, Valérie !

VALÉRIE. Jalouse et aveugle ! comprends-tu le tourment d'un soupçon qui ne doit pas finir ? être trompée, savoir qu'on vous trompe, et n'avoir pas de preuves !... entendre parler bas autour de soi, et ne pouvoir surprendre dans un regard le secret qu'on vous cache... tenir à la main un papier qui renferme votre destinée sans doute, et ne pouvoir le lire... craindre de le faire lire ; l'oser peut-être une fois, et alors mettre toute votre ame à écouter... pour entendre la lente lecture de mots indifférens... se dire alors : On me trompe... on a pitié de moi... on traduit ainsi pour ne pas désespérer l'aveugle... Etre jalouse dans les ténèbres !... ah ! c'est souffrir la torture dans un tombeau !

CAROLINE. Amie ! amie ! quels chagrins tu me donnes ! Et combien tu es ingénieuse à te tourmenter ! non, jamais le comte de Halzbourg...

VALÉRIE. Ernest ne m'aime plus !

CAROLINE. Lui... dont le noble dévouement...

VALÉRIE. Il ne m'aime plus !... tu vis, Caroline, les premiers temps de notre mariage... tout était joie, bonheur, amour pour Ernest ; j'étais plus qu'une épouse, j'étais la femme qu'il avait conquise, l'être qu'il avait créé ; il était orgueilleux de moi comme j'étais vaine de lui... Temps heureux !... Tu partis... et moi, je redevins aveugle. Ernest tardais... espère... Oh ! c'est alors que je connus toute la noblesse de son cœur : il voulait [illegible] au monde ; je dus refuser... [illegible] sa carrière... je voulus, j'exige qu'il suivit ses destinées... Un jour, il reçut une lettre pressante qui l'invitait à un grand bal diplomatique : de cette soirée pouvait dépendre pour lui une position enviée de tous ; le prince témoignait expressément le désir de le voir... et moi, poussée par je ne sais quel pressentiment, je demandai à l'accompagner : il m'emmena... Lorsque je parus aveugle au milieu de ce bal, la danse fut interrompue, le bruit de la musique cessa ; il semblait que ma présence vînt glacer les plaisirs... et puis on fit cercle autour de moi. Son altesse s'empressait de m'offrir son hommage ; tout le monde me disait quel bonheur on éprouvait à me voir... mais dans toutes ces voix qui s'adressaient à Valérie, ou qui plus bas parlaient d'elle en murmurant son nom, je ne reconnus qu'un sentiment, un seul, la pitié ! Oh ! combien j'eus à souffrir ! qu'elle fut longue, l'heure qui s'écoula avant son retour ! Cette musique si harmonieuse, ces cris de la jeunesse, cette joie qui devait éclater sur tous les visages, cette clarté que je devinais éblouissante, oui, ces flots de lumière surtout, éclairant tous ces sourires qui se répondaient, tous ces yeux qui se cherchaient, tout ce mouvement, toute cette splendeur de la vie autour d'une aveugle... c'était... c'était comme une ironie amère, comme une insulte à son sort... je sentis que tout cela était en rivalité contre moi ; je compris ma faiblesse devant tant de séductions, j'éprouvai la plus affreuse douleur, peut-être, qu'il soit possible de supporter au cœur humain.. Je sentis que j'étais seule !

CAROLINE. Valérie !..

VALÉRIE. Alors, je criai !.. comme pour demander secours contre ce néant ! une voix me répondit... ce n'était pas celle d'Ernest ! le prince se trouvait seul près de moi : il avait eu la bonté, lui, le premier, comme le meilleur de tous, de ne pas quitter la plus malheureuse... Je lui demandai s'il ne voyait point Ernest... il était loin de moi ! il parlait avec une jeune fille ! une jeune fille ! Je me fis décrire ses traits, et jusqu'aux moindres détails de sa parure... et son altesse, et personne ne pouvait deviner ce qui se passait dans mon ame : car j'avais toujours le sourire sur les lèvres ; enfin je me fis dire son nom..... Clarisse ! Clarisse de Séligmann !

CAROLINE. Que dis-tu ? Est-il possible?
VALÉRIE. Caroline ! tu la connaîtrais ?
CAROLINE. Sans doute... c'est elle dont je parlais tout-à-l'heure.

VALÉRIE. Celle que tu as vue en France?
CAROLINE. Celle auprès de qui M. d'Olbruck était d'une assiduité...
VALÉRIE. Ainsi, par un fatalité inconcevable, cette Clarisse était destinée à faire à la fois mon supplice et celui de mon amie... mais toi, Caroline, tu te trompes, j'en suis sûre, Henri est sincère, lui ! il t'aime toujours ; car tu as conservé, toi, tout ce qui te rendait aimable à ses yeux, et s'il avait jamais une pensée qui ne fût pas pour toi, un regard le ramènerait... il y a tant de puissance dans un regard ! mais moi ! moi !
CAROLIE. Toi ! Valérie... ton cœur peut s'abuser plus facilement que le mien ; le malheur rend quelquefois injuste, et tu n'as aucune preuve, tu ne sais pas...
VALÉRIE. Ah ! je saurai... je saurai tout aujourd'hui, aujourd'hui même... oui, son père le veut.
CAROLINE. Son père ! il est ici !
VALÉRIE. Elle aussi, Caroline, tu vas la voir...
CAROLINE. Clarisse !
VALÉRIE. Oui, toujours auprès de moi, puisque mon destin, qui me veut si malheureuse, m'a fait, en l'absence d'Ernest, acheter cette terre, qui appartenait au baron de Séligmann... Il demande que je parle à sa fille en amie ! en amie, soit... je la tromperai aussi, cette femme ! il le faut... pour les cœurs comme le mien, Caroline, la certitude, ce n'est que le malheur ; le soupçon... ah ! c'est plus encore.
CAROLINE. Au nom du ciel ! calme-toi! la voici ! c'est elle avec son père... et mon mari... le tien !
VALÉRIE. Ernest !.. il lui donne la main, n'est-ce pas?
CAROLINE. Non, c'est Henri !
VALÉRIE. Henri !
CAROLINE. Tu vois bien que j'ai raison; mais c'est égal, parle-lui toujours, à cette jeune fille, et tu me diras son secret.

(Pendant la scène suivante, Valérie s'approche d'Henri, lui prend la main, et prête la plus grande attention à ses paroles : ce petit mouvement occupe pour Valérie les dix ou douze lignes de dialogue pendant lesquelles elle garde le silence.)

SCENE IX.

LES MÊMES, LE BARON, CLARISSE, HENRI, ERNEST, BIRMANN.

LE BARON, *entrant par le fond, et mon-*

trant Henri. Comment donc ! c'est un coup du ciel que M. Milner, votre ami, se trouve être justement le baron d'Olbruck, notre aimable connaissance de France.

(Il a descendu la scène.)

CAROLINE, *s'avançant.* Tout le plaisir est pour mon mari, sans doute...

LE BARON. Ah ! madame... j'ai l'honneur.

(Clarisse s'incline.)

CAROLINE, *achevant sa phrase.* qui retrouve ici une des Allemandes qu'on a le plus remarquées à Paris.

LE BARON. Est-ce votre avis, madame? j'en suis bien aise... c'est une preuve qu'il y a de l'accord dans votre ménage. (*Birman à ce moment, suivi de plusieurs piqueurs, apporte à Ernest et au baron l'attirail de chasse; puis Ernest parle bas à Birman, qui s'approche de Clarisse.* Ah ! enfin !.. (*A Henri.*) Seriez-vous curieux de voir notre chasse?

HENRI. Sans doute... ce sera pour nous un plaisir.

CAROLINE, *vivement.* Oui, mon mari m'y accompagnera en calèche.

LE BARON. C'est ce qu'on appelle chasser en digne conseiller d'ambassade ; vous nous regarderez de loin, à votre aise... et vous mangerez ensuite diplomatiquement le gibier que nous aurons tué pour vous. (*A Ernest.*) Je vous suis. (*A Clarisse.*) Adieu, mon enfant. (*A Valérie.*) Je vous laisse ma fille; vous savez ce qui est convenu ; parlez-lui comme à une amie.

VALÉRIE, *tressaillant et quittant la main d'Henri; puis, s'approchant de Clarisse, qui est au coin du théâtre.* Oui, comme à une amie.

BIRMANN, *se glissant près de Clarisse et lui parlant bas.* Mademoiselle n'a rien à m'ordonner ?

CLARISSE, *lui donnant un billet.* Ce billet...

BIRMANN. Oui, mademoiselle.

VALÉRIE, *écoutant.* Ah !... je souffre toujours quand on se parle bas autour de moi !

(Le baron a offert sa main à Caroline, qui observe toujours Henri et Clarisse ; Henri de son côté suit des yeux Clarisse et le comte de Halzbourg.)

LE BARON. Partons ! partons !

(Musique de chasse. Départ.)

ACTE II.

Un jardin anglais. A la droite du public, un petit pavillon avec une fenêtre qui, étant ouverte, rend l'intérieur visible au public; on arrive à ce pavillon par deux ou trois degrés.

SCENE PREMIERE.

CLARISSE, VALERIE.

(L'air de chasse qui a terminé l'acte précédent continue toujours dans le lointain. De la fenêtre du pavillon, qui donne sur l'avant-scène, on voit arriver ensemble Clarisse et Valérie. L'une et l'autre descendent les degrés du pavillon, et Valérie indique du geste deux chaises du jardin placées au pied d'un grand arbre, au milieu du théâtre.)

VALÉRIE. Arrêtons-nous ici, mademoiselle.... (*Écoutant le son du cor qui s'éloigne.*) Ils sont bien loin maintenant. (*Elle s'assied.*) Nous sommes seules?

CLARISSE. Oui, seules.

VALÉRIE, *touchant la chaise qui est à côté de la sienne.* Vous n'êtes point assise?

CLARISSE, *à part, en s'asseyant.* Je tremble!

VALÉRIE. Mademoiselle..... peut-être cette fois est-ce un peu contre votre gré que vous restez auprès de moi... et vous auriez raison de m'en vouloir, si je n'avais cédé aux instances d'un ami... Les gens qui, comme moi, sont sous la main du malheur, ont aussi le triste privilége de donner des conseils aux autres. Désintéressés du monde, on pense qu'ils seront sans passions pour être utiles à ceux qui y tiennent encore. Mon malheur donc, voilà mon titre, vous me le pardonnerez.

CLARISSE, *attendrie.* Madame !...

VALÉRIE. C'est la pensée de votre père... et la mienne a été de n'accepter que parce que depuis long-temps je suis en reste de reconnaissance avec vous.

CLARISSE. De la reconnaissance! pour moi! vous, madame! (*A part.*) Oh! mon Dieu!

VALÉRIE. Depuis long-temps, n'avez-vous pas été là, assidue, constante, résignée! car il faut l'être surtout pour assister, avec une jeunesse pleine d'espérance et d'avenir, aux longs et pénibles jours de ceux qui n'ont plus ni avenir ni espérance. En l'absence d'Ernest... *(elle appuie sur ce mot, mouvement de Clarisse)* et même depuis son retour, vos bons soins, vos prévenances ne se sont jamais démentis : touchée de ma situation, vous vous étiez, pour ainsi dire, associée à sa pensée ; je l'ai remarqué ; souvent, de concert avec lui...

CLARISSE. Avec M. de Halzbourg !.. votre indulgence exagère les obligations que vous croyez m'avoir... Depuis l'arrivée de M. le comte, au contraire, je n'ai pu m'acquitter de ce que je regardais comme un retour de votre généreuse hospitalité. Occupée de mon départ pour Vienne que je hâtais toujours...

VALÉRIE. Mais toujours aussi vos répugnances pour l'union qu'on vous propose en différaient les préparatifs.

CLARISSE. Je conviens que cette alliance... Mon père vous a donc chargée, madame, de m'y déterminer ?

VALÉRIE. En effet... le major de Seldorf est un des cavaliers les plus accomplis de Vienne ; il vous aime.

CLARISSE. Il m'aime ! en vérité, le major, que j'ai vu si peu qu'à peine je me le rappelle, me donnerait une grande idée de mon mérite, si je n'en avais une plus juste pour juger, à la promptitude de sa passion, de la facilité avec laquelle il dit... qu'il aime !

VALÉRIE. Mais, à votre réponse, à l'expression que vous mettez vous-même à ce mot, on voit, mademoiselle, que votre cœur en comprend bien toute la valeur... et je dois penser, avec votre père, qu'avant tout ceci vous aviez distingué une autre personne.

CLARISSE. Mon père... est dans l'erreur, madame... et ne peut-on refuser, même un homme de mérite, sans avoir donné son cœur à un autre ? Ah ! je vois que l'arrivée de M. d'Olbruck vous a été interprétée aussi, et...

VALÉRIE. Non, non, je ne crois pas que vous l'aimiez, lui ; je ne crois pas qu'il vous aime... Tout-à-l'heure, en votre présence, j'ai écouté sa voix elle n'était pas émue ; j'ai touché sa main, elle n'était pas tremblante... Henri ne vous aime donc pas, vous n'avez pas d'amour pour lui... et cela se pourrait-il ? n'est-il pas uni devant le ciel à mon amie ? Non ; si vous aimiez, vous, vous n'auriez pas à rougir de votre choix, vous pourriez le déclarer hautement ; non, votre cœur n'est pas engagé... je le crois ; mais alors, pourquoi refuser M. de Seldorf ? pourquoi affliger votre père ? lorsqu'il n'est personne... qui ne pense que cet hymen vous rendrait heureuse ?

CLARISSE. Personne, madame !

VALÉRIE. Personne ici, je veux dire... Ernest, en qui vous avez confiance...

CLARISSE. M. de Halzbourg ?..

VALÉRIE. Approuve cette union.

CLARISSE. Votre mari ?..

VALÉRIE. Il l'approuve... n'est-il pas aussi votre ami ?

CLARISSE, se levant. Eh ! mon Dieu, madame, malgré mon âge, n'ai-je pas assez d'expérience du monde pour savoir que, lorsqu'il s'agit d'une chose telle que le mariage, nos amis les meilleurs sont aussi nos persécuteurs les plus cruels ? et s'il est vrai que M. de Halzbourg...

VALÉRIE, se levant aussi. En doutez-vous ? et si je vous disais qu'il en a parlé à M. le baron, pour qu'il insistât là-dessus auprès de vous ?

CLARISSE. Si vous me le disiez, madame, j'oserais dire, moi : C'est impossible !

VALÉRIE. Impossible, dites-vous ! prenez garde à ce mot, mademoiselle !... Pourquoi pour M. de Halzbourg cela serait-il impossible ? Oh ! parlez, parlez.

CLARISSE, pleurant. Eh ! que sais-je, madame ? parce que chacun connaît M. le comte, parce que cette approbation est contre toutes ses idées ; la fortune, l'éclat, le rang, sont-ils quelque chose pour lui ? votre mariage ne répond-il pas ?.. Pardon, madame, pardon ; mais vous me désolez aussi... N'a-t-il pas vu mes répugnances, entendu, comme tout le monde, comme vous, mes refus ? mais tous ceux en qui je devrais trouver un appui se réunissent donc pour mon supplice ! Mon père, qui m'aime, me persécute !... Eh ! que veut-on, grand Dieu ? que je sois la femme de M. de Seldorf ?.. Non, je ne l'épouserai pas, cet homme, je ne puis l'épouser, moi ! si j'épousais quelqu'un, je voudrais l'aimer.

VALÉRIE. Ah ! l'aimer !

CLARISSE. Comme vous aimez, vous, madame !

VALÉRIE. Comme j'aime, moi !... ah ! vous seriez bien heureuse alors ! et dites-moi, pour prix de cet amour, vous voudriez être aimée ainsi que moi peut-être ?

CLARISSE. Mais...

VALÉRIE. Répondez.... oh ! répondez donc ! voudriez-vous être aimée ainsi que je le suis ?

CLARISSE. Comment répondre ? M. le comte... je ne sais...

VALÉRIE. Vous savez.. vous savez tout ! tout !... vous connaissez mes souffrances ; vous avez vu mes pleurs... vous les avez vus, et vous n'êtes pas venue me consoler... pourquoi ? Vous, si bonne, si compatissante... pourquoi ? Ah ! c'est que vous saviez tout.

CLARISSE, *tremblante et presqu'à genoux.* Madame...

VALÉRIE. Pourquoi ces larmes? cette émotion? pourquoi vous éloigner de moi? venez donc, rapprochez-vous de la femme trahie... car vous le savez bien qu'elle est trahie! Je le sais aussi, moi! l'aveugle sait tout! Dieu lui a donné une puissance que vous n'avez pas devinée, un avertissement que vous avez ignoré. Une jeune fille parut à un bal; elle y frappa les regards d'Ernest... elle était belle, brillante, cette jeune fille; et moi, pauvre aveugle, moi, qui ne suis plus ni brillante ni belle, je fus oubliée, oubliée... pour elle... pour vous!

CLARISSE. Madame...

VALÉRIE. N'est-ce pas pour vous que j'ai été trahie?... Oh! dites-le-moi, au moins... par grâce, cela est, n'est-ce pas? Approchez, mettez votre main dans la mienne... je sentirai bien si c'est une main loyale!

CLARISSE, *d'une voix faible, et au moment de fléchir les genoux.* Madame... êtes-vous donc impitoyable?

VALÉRIE. Et vous, n'avez-vous donc que des larmes à me répondre? ah! si je pouvais vous voir!... comme la rougeur doit couvrir votre front!.. J'écoute; c'est de bas que partent vos sanglots maintenant; oui, ils se font entendre où ils doivent, à mes genoux!

CLARISSE. A vos genoux!.. madame, je respecte la douleur, même quand elle peut aller aussi loin; mais je ne vous reconnais pas le droit de me faire injure... vous avez étrangement abusé de la confiance de mon père... je refuse de vous répondre. Permettez-moi d'aller l'attendre, et, à son retour, j'aurai soin de lui faire prendre des mesures pour ne plus vous fatiguer de ma présence.

(Elle va pour sortir.)

VALÉRIE, *la retenant.* Non, restez, restez... (*Elle appelle.*) Ambroise! Ambroise! (*Revenant à Clarisse.*) Il n'y a qu'un moyen de me convaincre, c'est votre consentement à ce mariage... C'est moi qui vous laisse. Je reviendrai; mais à mon retour, que tout soit fixé... il faudrait sans cela que votre père fût instruit... et je n'hésiterais pas... vous avez mis dans mon ame un sentiment étrange, et qui me fait me haïr moi-même; mais je ne puis que lui obéir.... J'aurais comme un autre la force de pardonner à l'assassin qui en finirait d'un coup de poignard avec moi; mais avec quelqu'un qui me fait une agonie de tous les jours, de tous les instans... jamais!.. Je reviendrai... vous m'attendrez... adieu!

(Ambroise a paru au fond, Valérie sort avec lui.)

SCÈNE II.

CLARISSE, *seule.*

A ses genoux! j'allais y tomber... j'allais demander grâce!.. elle ne l'a pas voulu... cette parole si fière a retenu là le remords... ah! malheureuse! n'ai-je pas mérité cela? et combien je suis coupable, puisque le mal que je lui fais a pu changer cette ame si résignée, si angélique jusqu'alors!.. elle peut se plaindre, gémir, pleurer! partout, elle trouvera secours et consolations... mais moi, moi!.. Ernest, pourquoi m'abandonnes-tu? viens, je ne puis être ainsi seule... oh! si quelqu'un ne vient pas!.. ma tête... ah! ma tête passe d'une impression à une autre... angoisses de tous côtés, effroi et malheur de toutes parts... Ernest! Ernest, à moi!... ah! j'en deviendrai folle.

(Voyant venir Ernest qui entre par la petite porte, elle court à lui.)

SCÈNE III.

ERNEST, CLARISSE.

ERNEST. Clarisse!

CLARISSE. Ah! c'est lui! (*Changeant de ton, et pleurant.*) Ah! monsieur... pourquoi m'abandonner ainsi? pourquoi me laisser si long-temps à moi-même?

ERNEST. Je craignais cet entretien avec Valérie; et puis, dans la forêt, tous les yeux fixés sur moi...

CLARISSE. Je n'ai pu écrire que deux lignes; mais mon billet était si pressant.

ERNEST. Ton billet?

CLARISSE. Birman vous l'a remis?

ERNEST. Un billet de toi? non.

CLARISSE. O mon Dieu!

ERNEST. En effet, il me suivait, je voulais lui parler; mais il m'a semblé qu'Henri m'observait; j'ai donné un coup d'éperon, je me suis écarté, éloigné d'eux... je suis venu.

CLARISSE. Ciel! si ce billet...

ERNEST. Rassure-toi: Birmann nous est dévoué... sa fortune est attachée à son zèle, et son adresse... ce billet, il le conservera... que m'y disais-tu?

CLARISSE. Je redoutais cet entretien avec Mme de Halzbourg... je vous suppliais de trouver un moyen pour le rompre; je craignais sa présence, mes remords... la vérité pouvait m'échapper.

ERNEST. Et à elle, que lui as-tu dit?

CLARISSE Tout... non pas moi... mes larmes, mon désespoir.

ERNEST. Ainsi, pas un aveu de ta bouche?

CLARISSE. Pas un aveu; mais elle sait tout, vous dis-je; rien ne la trompe, votre femme... elle vous aime bien, Ernest!

ERNEST. Eh quoi! Clarisse! quoi! me reproches-tu cet amour qui fait mon crime et mon tourment? ne m'aimes-tu donc pas, toi?

CLARISSE. Autrement qu'elle sans doute... mais plus qu'elle, Ernest; car moi, pour toi, je me suis perdue!

ERNEST. Et moi, pour toi n'ai-je pas accepté l'immense responsabilité d'un avenir brisé? pour toi, pour cet amour qui m'était plus cher que la vie... ah! plus que l'honneur... ne me suis-je pas rendu coupable d'une affreuse perfidie? ces soupçons, cette douleur, ces larmes de Valérie, je les avais prévus...et cette idée n'a pu vaincre ma fatale passion... ton malheur même, ton désespoir d'aujourd'hui, je savais tout d'avance...et je voulais te fuir; et, malgré moi, je revenais sans cesse sur tes pas... Pour obtenir la tendresse de Clarisse, moi, homme loyal jusqu'alors, ne me suis-je pas abaissé au plus vil des mensonges?.. Avant ce bal, où, pour la première fois, tu parus auprès de Valérie, ne t'avais-je pas caché mon mariage?... oui, pour toi, j'é-tais devenu infâme... amour pur d'un époux, tendresse d'un père, sympathie de tes amis, confiance du monde, amitié de tous, je t'ai voulu faire perdre tous les appuis du cœur humain, pour te donner appui dans le mien, dans le mien seul... crois-tu, crois-tu que tu sois aimée, Clarisse?

CLARISSE. Eh bien! Ernest, eh bien!.. tous ces tourmens, toutes ces misères que je dois à ton fatal amour, ils sont au comble! et désormais rien, non, rien, ne peut ajouter à mon infortune!

ERNEST. Que veux-tu dire? oh! parle... quel nouveau mystère? hors le respect pour le malheur de Valérie, et l'honneur de ton père... je puis...

CLARISSE. Le malheur de Valérie ne sera plus respecté; l'honneur de mon père ne peut plus l'être... écoute, écoute, Ernest... Ciel!.. la comtesse!

(Elle veut fuir; mais Valérie tient le milieu du théâtre.)

ERNEST, la faisant entrer dans le pavillon. Non, là! là!

(Clarisse ferme à moitié la croisée du pavillon qui donne sur l'avant-scène.)

SCENE IV.

VALÉRIE, ERNEST, CLARISSE dans le pavillon.

VALÉRIE. Monsieur de Halzbourg!.. vous êtes ici?

ERNEST, allant au-devant d'elle. En effet, madame la comtesse.

VALÉRIE. Seul?

ERNEST. Seul maintenant.

VALÉRIE. La fille de M. de Séligmann était avec vous?

ERNEST. Elle me quitte à l'instant.

VALÉRIE. C'était moi qu'elle y attendait.

ERNEST. Elle me l'a dit.

VALÉRIE. Et pourquoi est-elle partie?

ERNEST. Je l'ai suppliée de sortir.

VALÉRIE. Vos motifs?

ERNEST. Ne savais-je pas quel entretien vous pouviez avoir avec elle? je venais....

VALÉRIE. L'empêcher sans doute?

ERNEST. Pourquoi ne le dirais-je pas? ne sais-je pas vos inquiétudes? vos soupçons? me les avez-vous cachés?.. ainsi, puisque cet entretien ne pouvait avoir le résultat qu'espérait M. de Séligmann, il ne devait point avoir lieu... c'était le tromper.

VALÉRIE. Tromper! tromper!.. c'est vous qui dites ce mot... oui, le baron est trompé; mais est-ce moi qui le trompe?

ERNEST. Madame!..

VALÉRIE. Est-ce moi qui le trompe?... ah! monsieur... Tiens, Ernest, il m'est impossible de feindre davantage; je ne puis plus souffrir en silence... cette Clarisse... pardonne si je te parle d'elle encore... mais je me suis résignée trop long-temps... mais je t'aime, et je crains... oh! ne me réponds pas encore... je ne t'ai pas dit peut-être tout ce qui peut m'excuser, justifier mes craintes, mes larmes, et te ramener à moi si tu ne m'aimes plus.... écoute, écoute-moi; pour tout bien, pour toute consolation à mes misères. je n'ai que ton amour, Ernest, et depuis que tu l'as vue, elle... je n'ose plus y croire... je ne puis plus y croire, à ton amour... non, tu n'as conservé pour moi que de la pitié.

ERNEST. Valérie!

VALÉRIE. Eh bien! par pitié, laisse-la partir... cette Clarisse, qu'elle parte.. par pitié, rends-moi le cœur de mon Ernest.

ERNEST. Calmez-vous! de pareilles alarmes...

VALÉRIE. Osez me dire qu'elles ne sont pas justes... osez me dire, monsieur, que vous m'aimez toujours comme autrefois... Elle le voit, elle, que vous ne m'aimez pas, que vous ne pouvez m'aimer... et voilà son excuse... et voilà pourquoi j'ai désiré cet entretien. Ce cœur, elle pouvait croire qu'il était flétri pour l'amour; j'ai voulu lui montrer combien elle le brisait, c'était mon droit, mon devoir... N'aurait-elle pu devenir coupable, cette jeune fille, il fallait l'avertir à temps.

ERNEST. Par grâce, Valérie!

(Clarisse entr'ouvre la fenêtre du pavillon; elle écoute avec inquiétude.)

VALÉRIE. Il le fallait pour moi, pour toi; il le fallait pour son père et pour elle; et de cet amour quelle eût été l'issue?... mon abandon... votre fuite... l'abandon d'une épouse et d'un père; elle l'aurait laissé... juge de son désespoir, elle vous aurait enlevé à moi... je serais morte, oui, morte! alors, crois-tu que tu l'aurais aimée long-temps, Ernest? non, tôt ou tard, associés par le crime, le crime, Ernest, vous aurait séparés; entre ton cœur et son cœur, il y aurait eu deux existences brisées; un jour, elle t'aurait haï; et toi, tu l'aurais repoussée et maudite.

CLARISSE, *pleurant, et se cachant le visage.* O mon Dieu!

ERNEST, *dans la dernière agitation.* Au nom du ciel, tais-toi, tais-toi!

VALÉRIE. Oui, je voulais lui dire cela: j'étais sévère, jalouse, injuste, sans doute; mais je me retenais depuis si long-temps, mais depuis si long-temps tous les tourmens étaient là; maintenant, j'ai réfléchi, j'ai pleuré sur elle, et, tiens, quand je suis entrée, je venais lui demander pardon.

CLARISSE. Pardon! à moi!

(Elle descend les degrés du pavillon, et semble vouloir se jeter aux genoux de Valérie; Ernest l'arrête d'un regard.)

ERNEST. Madame! Valérie! ange de bonté et de douceur!

VALÉRIE. Plus calme à présent, je ne lui adresse plus aucun reproche; je souffre, et je dois souffrir sans me plaindre; c'est ma destinée: Dieu m'a refusé toute puissance sur toi, car il n'a pas béni notre union, car il n'a pas permis que je fusse mère.

(A ce mot, la figure de Clarisse exprime une émotion violente; Ernest la regarde et la devine.)

ERNEST. O ciel!

VALÉRIE. Si je l'étais, Ernest, je serais sûre de toi; pour te faire rougir de tes torts, pour te forcer à me rendre ton amour, je te montrerais notre enfant.

CLARISSE, *qui depuis un instant se soutient avec peine, pousse un cri étouffé, et tombe évanouie.* Ah!

VALÉRIE, *revenant à son premier mouvement de jalousie, et passant rapidement devant le comte, pour aller vers l'endroit où le bruit s'est fait entendre.* Qu'est-ce donc?

SCÈNE V.

Les Mêmes, AMBROISE.

(Ambroise, qui est entré sur les derniers mots et le dernier incident de la scène précédente, a suivi le mouvement de Valérie, et s'est vivement placé entre elle et Clarisse évanouie; dans ce même moment Valérie tend sa main comme pour saisir l'objet qu'elle a entendu tomber, et s'empare du bras d'Ambroise. Pendant ce temps le comte va doucement à Clarisse qu'il fait asseoir dans le pavillon.)

AMBROISE. C'est moi, madame.

VALÉRIE. Ambroise?..

AMBROISE. Je venais... je courais... et mes pas mal assurés... je suis si vieux... pardonnez-moi.. (*Se tournant vers Ernest.*) Ah! monsieur le comte!.. c'est affreux!

VALÉRIE. Mais que me voulais-tu? pourquoi cet empressement?

AMBROISE. Je voulais... je voulais instruire monsieur le comte... je ne sais ce qui se passe; mais M. Henri était descendu de voiture quand M. le baron l'a abordé; ils se sont parlé assez bas d'abord, puis vivement, très-vivement... Mme d'Olbœck est accourue, tout le monde... on ne sait, on craint.. tenez! ils viennent. (*Valérie remonte la scène avec inquiétude. A Ernest, qui regarde toujours dans le pavillon.*) Tout-à-l'heure, une lettre surprise par le baron dans les mains de Bernaann...

ERNEST. Que dis-tu? la lettre de Clarisse?...

AMBROISE. Il lui a arraché ce papier en s'écriant: « Le cachet de mes armes!... pas d'adresse!... » Je n'ai pu en entendre davantage; mais je suis vite accouru, soupçonnant...

VALÉRIE, *redescendant la scène.* Ernest!

ERNEST, *à Ambroise, en lui montrant Clarisse dans le pavillon.* Au nom du ciel, porte-lui secours.

AMBROISE. Pauvre Valérie !

(*Le comte va donner la main à Valérie. Entrée du baron, d'Henri, et de Caroline. Ambroise a refermé les croisées du pavillon qui donnent sur l'avant-scène.*)

SCENE VI.

LE BARON, HENRI, CAROLINE, ERNEST, VALÉRIE.

LE BARON, *entrant en parlant à Caroline.* Mon Dieu, madame, ceci n'est point affaire de femme. Dans une circonstance embarrassante, où il s'agit d'honneur, je demande un avis à M. le conseiller aulique, et vous vous jetez à la traverse.

CAROLINE. Vos demandes, monsieur, ressemblent à des menaces.

VALÉRIE, *inquiète.* De quoi donc s'agit-il ?

ERNEST. Monsieur le baron ?...

LE BARON. Pardon, monsieur le comte, pardon, madame... mais le trouble que j'éprouve...(*montrant un papier qu'il froisse dans ses mains.*) c'est ce mot... un de mes amis, d'une des premières familles d'Allemagne, nom sans tache, n'ayant pour toute fortune que le vieil honneur de ses aïeux et une fille, le bonheur, l'orgueil de ses vieux ans... Il espérait l'unir à un homme de son choix... Il vient de découvrir que cet hymen était impossible... un séducteur avait su dominer l'esprit de la jeune fille au point de lui faire oublier jusqu'à la tendresse, jusqu'au désespoir de son père : il a surpris une lettre d'elle à cet homme !.. et le misérable est marié !

CRI GÉNÉRAL. Marié !

VALÉRIE, *avec une profonde douleur.* Ah! Ernest !

CAROLINE, *avec colère* Henri !..

LE BARON, *remettant la lettre à Henri.* Tenez, monsieur, la voilà, cette lettre... parlez, que dois-je faire ? comment faut-il punir le lâche à qui elle fut adressée ?

ERNEST, *avec force.* Monsieur le baron !..

CAROLINE, *soutenant son amie.* Valérie...

HENRI, *prenant la main d'Ernest et lui montrant Valérie.* Regarde, elle est mourante. (*Lui montrant le billet.*) Tu n'es pas nommé... ne me démens pas.

LE BARON, *à Henri.* Eh bien !

HENRI. Eh bien !.. je ne puis le nier (*avec effort*) cette lettre est pour moi.

CAROLINE, *à Henri.* Ainsi vous avouez... Ah ! monsieur, le divorce...

TOUS, *avec une expression de voix différentes.* Le divorce !

LE BARON, *à Henri.* Infâme ! je serai vengé !

(*Il s'élance sur son fusil de chasse et va ajuster Henri; on l'arrête.*)

SCENE VII.

LES MÊMES, CLARISSE, AMBROISE.

CLARISSE, *s'arrachant des bras d'Ambroise, et, s'élançant hors du pavillon, vient tomber aux pieds du baron en poussant un grand cri.* Mon père !..

LE BARON. Clarisse !.. (*Il se tourne vers Henri, et lui serrant la main avec force.*) Demain, cinq heures du matin, jusqu'à la mort de l'un des deux.

ACTE III.

Un salon. A gauche du public, un secrétaire; une porte au fond, deux latérales; celle placée à la gauche du public conduit à la chambre d'Ernest, celle à droite à la chambre de Valérie.

SCENE PREMIERE.
ERNEST, *seul.*

(*Il s'assied à une table sur le devant de la scène, à droite du public. Il écrit et s'arrête tantôt faisant courir rapidement la plume, tantôt cessant tout-à-coup.*)

La main me tremble ! allons... il me semble que je trace un arrêt de mort... pour moi, du moins... mais il le faut ! Clarisse ! tôt ou tard elle accomplirait cette affreuse résolution... Le danger est au comble, et il faut bien qu'il soit extrême, pour qu'un homme ose faire ce pas énorme !(*Il va vers l'appartement de Valérie.*) Valérie, peut-être pour la première fois aujourd'hui tu t'es endormie paisible, ayant au cœur une fausse sécurité ! peut-être, contente de moi, tu rêves une pensée d'amour et de bonheur! Sais-tu quel réveil je te prépare? et pourtant, il n'y a point à balancer... elle le verra bien quand on lui lira ceci...Oui, demain, là.. (*il montre le secrétaire*) ils trouveront ce papier; demain... je ne serai ni plus heureux ni moins coupable... mais... mais du moins j'aurai sauvé les jours de Clarisse et ceux de son enfant. (*Se retournant.*) Ah! quelqu'un! (*Il serre la lettre dans son sein.*)

SCENE II.

ERNEST, HENRI, *entrant par le fond.*

ERNEST. Ah! c'est vous, Henri!

HENRI. Monsieur... je vous cherchais... il faut que je vous parle.

ERNEST. Que de chagrins je vous ai causés aujourd'hui !

HENRI. Je ne m'en plaindrais pas peut-être, si j'étais le seul qui souffrît pour vous et par vous; mais ma femme, mais Valérie!..

ERNEST. Ah!.. Valerie!...

HENRI. Oui, monsieur: pour vous, moi, le plus fidèle des maris, je suis accusé et je m'accuse moi-même d'une faute impardonnable! Ma femme souffre comme moi ; un mot l'apaiserait et dissiperait toute sa douleur, toute sa colère... ma position est telle que je ne puis le dire, ce mot! et d'ailleurs, elle refuse positivement de m'entendre. Valérie est heureuse du mensonge que j'ai fait; mais je viens de perdre, en le faisant, et son estime et son amitié; le baron de Séligmann se fâche pour la première fois de sa vie peut-être... c'est contre moi! il me traite d'infâme, et demain matin doit me couper la gorge.

ERNEST. Ah ! cela ne sera pas.

HENRI. Et comment l'empêcher? répondez, monsieur! vous devez comprendre que pour moi cette position n'est pas tenable, que je ne puis aller plus avant, que parfois il est honorable de se battre pour un ami, mais seulement lorsqu'il a raison, et quand votre conduite est sans excuse...

ERNEST. Henri, moins de sévérité!... par grâce, surtout en ce moment... car si la souffrance pouvait absoudre, si la fatalité...

HENRI. Raison de ceux qui n'en peuvent donner d'autres, Ernest! cette puissance aveugle n'a de force que contre les ames faibles : il n'est de croyans en elle que ceux qui lâchent prise devant leurs passions.

ERNEST. Et il n'est de moralistes, monsieur, que les ames de glace!

HENRI. Ernest!... tantôt, pour vous sauver, j'ai accepté la colère de Caroline et le mépris de Valérie.

ERNEST. Ah! pardon, pardon! me faut-il donc être coupable envers tous ceux qui m'aiment!.. *(Il prend la main d'Henri, qu'il met sur son cœur.)* Tenez, Henri, voyez à ce battement si c'est de la fièvre ou du vertige !... c'est que vous ne savez pas par quels degrés, par quelle pente irrésistible je suis arrivé où vous me voyez! Ce fut Valérie elle-même qui, pendant mon absence, fit l'acquisition de cette terre; ce fut elle qui, du moins instruite alors, consentit à voir s'y prolonger leur séjour... Voulait-elle surprendre mon secret? était-ce subterfuge? insouciance? sécurité? quand je revins, pourquoi ne pas m'avertir? savais-je retrouver le baron et sa fille? Cette femme que j'aimais, je la voyais à tous les instants, en tous lieux, quand je voulais, quand je la fuyais même. Est-ce à moi de dire pourquoi Valérie semblait prendre à tâche de la présenter toujours, toujours à mes regards?.. Henri, pardonnez-moi ; mais cette femme, frappée dès sa naissance, qui n'a été heureuse un instant par moi que pour être plus frappée encore, cette victime que le malheur semblait se réserver, courbée avant l'âge, flétrie avant le temps, à côté de cette jeune et belle Clarisse... Oh! comme je chassai ces indignes pensées! mais j'y voyais, moi!!... Vous ne croyez pas à la fatalité, dites-vous? expliquez ceci : nous étions tous deux, Clarisse et moi, rentrés en nous-mêmes, nous nous disions qu'il fallait nous séparer, nos mains se pressaient pour un éternel adieu... Valérie vient; pour elle, pour lui épargner tout chagrin, nous nous taisons, nous fuyons ensemble; mon bras la soutenait... sa tête sans force se pencha sur la mienne.... ce souffle que je respirais, cet air ardent, cet air de feu, ce fut un enivrement... et depuis... ah! mon ami!...

HENRI. Depuis... Valérie a été abandonnée; mais que pouvez-vous espérer! cette jeune fille, ce père... Demain, une explication est nécessaire.... n'en aurez-vous d'autres à donner qu'en versant le sang d'un vieillard?

ERNEST. Henri... je vous le promets, je vous le jure, ce duel n'aura pas lieu; mais dans cet instant, je ne suis pas même en état d'entendre vos reproches. Souvent, j'ose le dire, j'ai fait preuve d'énergie, et ni le malheur, ni le danger, ni la crainte de la mort n'eussent pu me faire reculer un instant ; mais une douleur que je ne connaissais pas, c'est celle de faire des malheureux... Ah! croyez-moi, elle est assez forte, celle-là, pour remplir toute mon ame... Vous, Henri, qui ne l'éprouvez pas, prenez-en pitié du moins, et ne me quittez pas ce soir, malgré mes torts, malgré les peines que je vous fais souffrir, sans m'avoir embrassé... comme vous le faisiez autrefois... ce matin encore.

HENRI, *lui serrant la main avec émotion.* Mon ami, allons, à demain donc.

ERNEST. Demain, Henri, vous serez justifié aux yeux de tout le monde, et le bonheur rentrera pour jamais dans votre ménage; quant au mien, ah! c'est impossible;

HENRI. Et cependant, après le départ de Mlle de ....

ERNEST. Son départ!

HENRI. Oui, mon ami, il faut qu'elle parte, qu'elle s'éloigne, il le faut; sans cela, je retrouverais du courage pour vous parler, pour vous dire tout ce que j'ai sur le cœur. Ne craignez rien : il est convenu que ce soir tout cela n'existe pas, n'a jamais existé... je vous quitte, car, je vous l'avoue, après la fatigue de mon voyage et toutes les émotions de cette journée, avec la perspective de celles que j'attends pour demain, j'ai besoin de prendre un peu de repos.

ERNEST, *à part.* Du repos? il peut en goûter encore lui!

HENRI. Ainsi donc, mon ami, mon pauvre Ernest, espérons un meilleur avenir... à demain!

ERNEST. Adieu, Henri, adieu! (*Henri sort par le fond. Ernest resté seul serre dans le secrétaire la lettre qu'il a écrite à la première scène de l'acte, puis se retournant vers la droite, il s'écrie.*) Valérie ! La voilà ! Adieu! adieu, pour jamais!

(Il sort à gauche; Ambroise entre par la droite.)

SCENE III.
AMBROISE, *puis* VALÉRIE.

AMBROISE. Personne ! M. le comte vient de rentrer dans son appartement; venez, venez, madame la comtesse.

(Il va lui donner la main; elle entre.)

VALÉRIE. Silence, mon ami... silence ! il ne faut pas qu'on nous entende, lui, surtout, puisque nous voulons le surprendre.

AMBROISE. Oui, madame.

VALÉRIE. Ernest, mon Ernest! ce n'est pas à toi qu'elle écrivait cette lettre; ah! combien j'étais injuste! et que je suis heureuse à présent! Il me semble qu'après un songe pénible, insupportable, je me réveille, et qu'enfin je respire! mais, vois donc, Ambroise, vois donc, quand une fois une idée cruelle s'est emparée de notre tête, comme il est difficile de la chasser, et comme tout, malgré nous, tout nous y ramène, et nous semble une preuve d'un malheur qui n'existe que là. Ah ! j'étais folle... il ne l'aime pas cette femme, il ne l'a jamais aimée... enfin , je ne suis plus jalouse.

AMBROISE, *à part.* Ah! mon Dieu! sa joie me fait un mal.. contenons-nous...(*Haut.*) Mais, madame la comtesse, quelle est donc cette boîte scellée aux armes de son altesse, qui vous a été remise dans la soirée?

VALÉRIE. C'est ce brevet, si long-temps sollicité... l'ordre de Neustad, pour mon Ernest.

AMBROISE. Oui, le grand cordon... c'est juste... on n'est pas comte pour rien; c'est de l'honneur en sautoir.

VALÉRIE. Et, pour ne pas déroger aux anciens usages, ce grand cordon, aujourd'hui, c'est une aveugle qui le donne... Chaque matin, à son réveil, Ernest vient ici travailler à son secrétaire ; demain , quand il l'ouvrira, quelle sera sa joie, son bonheur! je serai là, moi, et comme je serai heureuse, si je l'entends dire : Elle a pensé à moi ; cette récompense de mes travaux, de mon talent... c'est un souvenir de Valérie.

(Elle passe devant Ambroise pour marcher au secrétaire.)

AMBROISE, *la retenant.* Pas encore, madame; voici quelqu'un.

VALÉRIE. Lui, peut-être!

AMBROISE. Non... Mme Milner.

VALÉRIE. Caroline ! ah ! que je la plains! C'est elle, à présent, qui doit être malheureuse! c'est elle qui est jalouse! Ambroise..

AMBROISE. Oui, madame, je vous comprends, vous voulez rester seule avec elle, lui dire... ce que j'osais vous dire quelquefois, lorsque vous doutiez du cœur de M. le comte... je vous laisse, je reviendrai. (*A part.*) Ah ! mon Dieu! que vont-elles se dire ? va-t-elle détruire son illusion ? (*Haut.*) Je reviendrai.

(Il sort et salue Caroline, qui entre par le fond.)

SCENE IV.
VALÉRIE, CAROLINE.

VALÉRIE. Caroline?

CAROLINE. Ah! c'est toi, ma bonne amie?

VALÉRIE. Tu as bien du chagrin, n'est-ce pas?

CAROLINE. Non, je suis furieuse.

VALÉRIE. Pauvre Caroline !

CAROLINE. N'est-ce pas que c'est affreux de sa part ?

VALÉRIE. Oui, c'est affreux; mais j'espère à mon tour, que la voix d'une amie pourra te consoler.

CAROLINE. Lui, que j'aimais tant! lui, que j'ai préféré aux plus riches partis de l'Allemagne! lui qui , pendant les premières années de notre mariage, m'accusait toujours de légèreté, de coquetterie... à présent, il ne m'adresse plus aucun reproche, il est calme, tranquille... je me le disais bien, cela n'est pas naturel.

VALÉRIE. Caroline ! c'est une chose si affreuse que la jalousie !

CAROLINE. Enfin , ne devrait-il pas à présent venir se jeter à mes genoux, être là, me demander pardon, me supplier? et peut-être...

VALÉRIE. Mais puisque tu ne veux pas l'entendre?

CAROLINE. N'importe, on insiste, et l'on se fait écouter... mais non; il n'a pas même cherché à me rejoindre; il semblait me fuir, au contraire; je l'ai vu se diriger vers cet appartement, j'arrive... il en est parti! il est rentré dans le sien, sans doute, et là il dort peut-être.

VALÉRIE. Oh! non, il se repent, j'en suis sûre... et moi, je lui parlerai, je lui dirai que c'est mal de faire souffrir à sa femme les tourmens que tu dois endurer, et que lui, qui est la cause de tes larmes...

CAROLINE. Mes larmes! oh! je ne pleure pas, moi!

VALÉRIE. Non?

CAROLINE. Non, je suis trop en colère pour cela; tu te contenterais donc de pleurer, toi, si tu avais la conviction..?

VALÉRIE. Eh! mon Dieu! que ferais-je? oui, je pleurerais... et puis...

CAROLINE. Et puis?

VALÉRIE. Je mourrais.

CAROLINE. Mourir! Valérie, nous n'avons pas le même caractère... mais laissons mes chagrins, et ne pensons qu'à toi, à ton bonheur.

VALÉRIE. Mon bonheur! c'est bien mal à moi, bien égoïste de t'en parler, quand je te vois souffrir comme je souffrais ce matin; mais toi, que je veux réconcilier avec ton mari; toi, la meilleure de mes amies, il faut bien que tu prennes part d'avance à tous les secrets de Valérie. (*Elle s'approche du secrétaire.*) Tiens, demain, à son réveil, Ernest va trouver ici, à cette place...(*En posant la boîte dans le secrétaire, elle touche la lettre.*) Qu'est-ce que cela? une lettre... elle est cachetée... une lettre d'affaires sans doute... regarde.

CAROLINE. A quoi bon?

VALÉRIE. C'est vrai; à quoi bon? mais regarde, je t'en prie.

CAROLINE, *lisant.* « A madame... »

VALÉRIE. Madame...?

CAROLINE. « Caroline Milner. »

VALÉRIE. A toi!

CAROLINE. A moi... je n'y puis rien comprendre.

VALÉRIE. Ni moi... Pourquoi t'écrire, lorsqu'il peut désormais te voir tous les jours, à chaque instant?.. c'est singulier; tu ne lis pas?

CAROLINE. Mais...

VALÉRIE. Tu peux, tu dois la lire; c'est à toi qu'elle est adressée... au nom du ciel, lis donc.

CAROLINE. Tu le veux? écoute. (*Elle décachète la lettre, et la lit.*) « Madame, rassurez-vous: votre Henri n'est point coupable, je vous le jure sur l'honneur...» (*S'arrêtant, et parlant.*) Est-il vrai?

VALÉRIE. Henri n'est point coupable!

CAROLINE, *relisant.* « Je vous le jure sur l'honneur... » Oh! je le crois.

VALÉRIE. Continue.

CAROLINE, *lisant.* « Sa généreuse amitié l'a porté à prendre sur lui des torts qui n'étaient pas les siens... »

VALÉRIE. Des torts qui n'étaient pas les siens!... continue, continue.

CAROLINE. « Le coupable, c'est.... » (*A part.*) Grand Dieu! pauvre Valérie!

VALÉRIE. Eh bien!.. le coupable, c'est...

CAROLINE, *faisant semblant de continuer la lecture.* C'est... un de nos amis qu'il est inutile de vous nommer.

VALÉRIE. Caroline, tu me trompes... Oh! tu me trompes! veux-tu que je te dise, moi, ce qu'il y a dans cette lettre? le coupable, c'est Ernest! oui, c'est lui!.. n'est-ce pas que c'est lui?

CAROLINE. Mon amie... ma chère Valérie...

VALÉRIE. Ah! tu ne sais pas mentir, toi!... Maintenant achève, je puis entendre jusqu'à la fin.

CAROLINE. Non, je ne lirai point.

VALÉRIE. Mais... pourquoi t'écrivait-il, à toi? mais quel est donc son but? veut-il m'abandonner? et te charge-t-il de me faire ses adieux? Caroline, lis donc, lis donc... par pitié, par grâce, ne me refuse pas... parce que je suis aveugle, est-ce donc une raison pour que je sois trompée par tout le monde?

CAROLINE. Mon amie... je t'assure que tu es dans l'erreur, et que cette lettre...

(*Elle fait un mouvement pour la déchirer; Valérie s'en empare.*)

VALÉRIE. Ah! malgré toi, je saurai ce qu'elle contient.

CAROLINE. Valérie... que vas-tu faire?

VALÉRIE. Appeler mes gens... quelqu'un... Oh! pas Ambroise... il me tromperait comme toi, lui; mais, avec de l'or, je trouverai bien quelqu'un pour m'apprendre la vérité.

CAROLINE. Je t'en supplie, arrête.

VALÉRIE, *prenant Caroline par la main, et la ramenant sur le devant du théâtre.* Songes-y bien, de pareils secrets, nos amis seuls doivent les partager ; mais, si tu me refuses, je ferai un éclat... oui, je veux connaître mon sort : cette incertitude est affreuse, horrible ; c'est pis que la mort... Caroline, mais achève donc cette lettre, je t'en supplie... je le veux !

(Elle met sous les yeux de Caroline, la lettre, qu'elle tient toujours fortement.)

CAROLINE, *lisant avec peine, et presque en pleurant.* « Sans doute, quand vous lirez
» cet écrit, je serai loin de vous. Je pars...
» il le faut... »

VALÉRIE. Il le faut.

CAROLINE. « Placé entre deux victimes,
» deux femmes que je rendais malheu-
» reuses l'une par l'autre, il m'a fallu
» choisir. L'une de ces femmes est un
» modèle de courage, d'énergie et de ré-
» signation..... Je ne puis qu'implorer sa
» clémence ; l'autre, plus faible, mais
» non moins à plaindre, allait mourir de
» désespoir... elle était mère... »

VALÉRIE. Mère !

CAROLINE. « Je n'ai pas eu le courage
» de la laisser mourir. »

VALÉRIE. Elle était mère ! assez, assez, Caroline ! tout mon sort est rempli... il faut me soumettre, il faut que je sois jusqu'à la fin la plus malheureuse des femmes... Cela est naturel, n'est-il pas vrai, Caroline ?

CAROLINE. Valérie !..

VALÉRIE, *avec une sorte de délire.* Il a imploré ma clémence, tu vois, je lui pardonne ; il en a appelé à mon énergie, tu vois, je suis calme ; je ne pleure pas... je ne souffre pas comme j'ai souffert lorsque je n'avais encore que des soupçons ; je suis... oui, j'éprouve je ne sais quel plaisir à connaître mon sort ; enfin ce n'est plus une erreur, une illusion ; enfin... je ne suis plus jalouse !

CAROLINE. Ah ! reviens à toi, je t'en conjure ; cet égarement...

VALÉRIE. Non, je ne suis pas en délire, j'ai toute ma raison... Caroline ; il a bien fait de se confier à toi, à ton mari, il a bien fait de croire que vous, du moins, vous n'abandonneriez pas la pauvre Valérie.

CAROLINE. Jamais !

VALÉRIE. Eh bien ! je suivrai tes conseils, j'aurai la force de ne pas mourir... oui, je suis tranquille, je n'ai plus à craindre de nouvelles douleurs, et je crois... mais... mais dis-moi, Caroline... elle est donc bien jolie, cette Clarisse !

CAROLINE. Ah ! Valérie, éloigne de telles pensées ; songeons plutôt ensemble, songeons aux moyens de ramener Ernest.

VALÉRIE. Ils vont partir !.. et moi, je resterai dans ce château, ce château qu'il me laisse dans sa générosité !.. Ah ! qu'elle est heureuse, elle ! et que ne m'a-t-il dit, à moi : Valérie, fuyons ensemble, et tu seras pauvre avec moi... mais je t'aimerai, je t'aimerai toujours... toujours, comme autrefois... Non, ce langage, ce n'est pas à toi, ce n'est pas à toi, pauvre insensée, qu'il pouvait le tenir ; c'était à ta rivale, à ta belle rivale ! à celle qui avait des yeux pour troubler sa raison, pour détruire à jamais ton bonheur... Ah ! Caroline, je croyais trop à mon courage... non, je ne veux pas qu'il parte avec elle... je veux le voir, lui parler, lui dire qu'il ne partira pas... Il est là ! viens, conduis-moi... Je ne puis... je ne pourrai jamais...ah ! *(Se laissant tomber en pleurant dans les bras de Caroline.)* Mais elle est donc bien jolie, cette Clarisse !..

CAROLINE. Eh bien ! eh bien !.. il faut le voir, il ne faut pas qu'il accomplisse cet horrible dessein... allons, Valérie.

(Elles vont pour sortir.)

SCENE V.

Les Mêmes, AMBROISE.

AMBROISE. Ah ! madame la comtesse... vous voilà... maintenant, il n'est plus temps de feindre, de vous cacher encore la vérité... tenez, j'en pleure tout à la fois de rage et de douleur.

VALÉRIE. Eh quoi ! tu sais tout, mon ami ?

AMBROISE. Je sais qu'il n'y a plus moyen de se fier à personne ; je sais qu'à l'instant où vous pensiez à lui, à son bonheur, à sa gloire, il formait le projet, lui, de vous donner le coup de la mort ; je sais qu'une chaise de poste est prête à la grille du parc, qu'ils vont s'enfuir ensemble à deux heures.

LES DEUX FEMMES. Deux heures !

AMBROISE. Je sais enfin, je sais que je vais me placer sur leur passage, et qu'ils ne partiront pas sans écraser le vieil Ambroise.

VALÉRIE. Ambroise, je n'avais pas besoin de cette cruelle épreuve pour bien connaître ton amitié... oui, tu as raison, il ne doit pas quitter ce château... il restera... Il faut... ah! je ne sais... ma tête est brûlante... mille idées... mille projets.. oui, je le veux, je le veux!

CAROLINE. Valérie, explique-moi...

VALÉRIE. Rien... le parti que je prendrai, je l'ignore encore peut-être... mais une chose, une seule chose dont je suis certaine, bien certaine, c'est que je ne veux pas... non, je ne veux pas qu'il parte.

(*Elle sort par la porte à gauche avec Caroline.*)

SCENE VI.

AMBROISE , *seul.*

Ah! M. le comte... M. le comte... c'est affreux!.. depuis long-temps je soupçonnais que vous aimiez cette femme!.. et depuis hier... j'en avais la preuve... hier, j'avais menti pour vous... ou plutôt pour Valérie... et maintenant le mensonge même serait inutile... elle, si bonne, si malheureuse! trahie, abandonnée!.. O mon Dieu! mon Dieu! fais que je meure, puisque j'ai vu cette ingratitude de mon maître, cette nouvelle infortune de Valérie... ou plutôt, non, non... donne-moi le courage de vivre pour souffrir encore, tant qu'elle souffrira sur cette terre, et, pour prendre jusqu'à la fin ma part de toutes ses douleurs... (*Il regarde la pendule, dont l'aiguille doit marcher, et marque en ce moment une heure et demie.*) Déjà!... une heure et demie! l'instant approche... le temps marche avec une rapidité!... pour empêcher ce départ, quel est donc le dessein de Mme la comtesse? que va-t-elle faire? elle ne me donne aucun ordre...cependant, je vais... grand Dieu!.. M. de Séligmann!..ah! puisse-t-il ne pas arriver de nouveaux malheurs!

SCENE VII.

AMBROISE, LE BARON.

AMBROISE, *allant au-devant de lui.* Vous, monsieur le baron... à cette heure!..

LE BARON. Mais toi-même, ici, Ambroise!

AMBROISE. Ah! vous connaissez le château, nous avons eu tant de monde... la chasse... les devoirs du service... et puis, cette journée d'hier...

LE BARON. Elle a été bien cruelle pour tous.

AMBROISE. Monsieur le baron, me paraît souffrant, affaibli... s'il rentrait chez lui... je pourrais lui envoyer quelqu'un.

LE BARON. Non, c'est de toi que j'ai besoin.

AMBROISE, *avec surprise.* De moi!

LE BARON. Et de ton maître.

AMBROISE. Ah! de M. de Halzbourg?.. mais non pas à présent, j'espère?

LE BARON. A l'heure même... (*Remarquant l'hésitation d'Ambroise.*) Serait-il avec Valérie?

AMBROISE. M. le comte?.. je ne sais, je ne crois pas...

LE BARON. Je le craignais, je n'aurais pu m'expliquer devant elle.

AMBROISE, *avec inquiétude.* Vous expliquer?..

LE BARON. Je suis bien aise de t'avoir rencontré, Ambroise: tu es un homme bon, loyal, attaché, dépositaire de toutes les pensées de ta maîtresse; dès long-temps elle t'a nommé son ami... écoute: demain, dans ce château, jadis si paisible... il se passera sans doute de sanglantes scènes.

AMBROISE. Monsieur...

LE BARON. Le sort en est jeté, cela doit être... sais-tu si cet homme, ce d'Olbruck, a parlé à M. de Halzbourg?

AMBROISE. S'il lui a parlé?.. non, je ne puis le savoir... mais pourquoi!

LE BARON. Oh! pourquoi!... ne faut-il pas qu'un duel à mort soit régulier comme un contrat!.. au milieu de ces préoccupations de larmes et de sang, n'est-il pas des lois inexorables que nul gentilhomme ne doit mettre en oubli?... il faut donc que deux hommes soient là, pour constater que c'est régulièrement que tel ou tel est étendu sur le carreau... sais-tu si le conseiller a désigné quelqu'un?.. si M. de Halzbourg l'accompaguera à ce combat?

AMBROISE. Je n'ai pas vu M. le comte.

LE BARON. Va le trouver... (*Ambroise lui indique la pendule.*) Il est bien tard; mais le malheur aussi fait oublier les heures, et les circonstances me justifient.... annonce-moi, il faut que je lui parle.

AMBROISE, *à part.* O mon Dieu !.. s'il entre... je prévois... que faire?... et je ne sais rien... et pas d'ordre...

(*Il remonte lentement la scène.*)

LE BARON, *après un temps de réflexion, il arrête Ambroise, et puis, le tenant toujours par la main, il lui fait descendre la scène avec lui.* Et... si mon adversaire a choisi pour témoin M. de Halzbourg, j'attends un service de toi .. il faut que je présente quelqu'un aussi... déjà assez de gens sont instruits, assez le seront encore... c'est une affaire facile à régler ; pour les témoins, un acte de présence seulement... il ne faut qu'un honnête homme, qu'un brave et loyal Allemand... je te choisis.

AMBROISE. Moi!.. monsieur le baron?..

LE BARON. J'ai été orgueilleux quelquefois avec toi, n'est-ce pas? tu as raison... c'est à toi maintenant... Le vieux serviteur de Valérie, Ambroise, peut refuser de frapper dans la main d'un baron du Saint-Empire... son sang est plus noble que le mien maintenant... il n'a pas de fille déshonorée, lui?..

AMBROISE. Ah! monsieur...

LE BARON. Non, je ne puis penser sans colère à cet homme qui a détruit pour jamais mon existence et celle de ma fille... ma fille! il y a une heure je l'ai vue... elle était pâle, tremblante ; et moi, je voulais lui adresser des reproches, lui parler sévèrement, pour la première fois de ma vie ; elle est tombée dans mes bras presque mourante ; je n'ai pas eu la force de la repousser ; je sentais de grosses larmes qui me roulaient dans les yeux... il fallait les contenir, il fallait me séparer de mon enfant sans l'embrasser, sans pouvoir même l'interroger, lire tout ce qui se passait dans son ame, et sans lui dire enfin : Je ne te maudis pas... Ambroise! Ambroise!.. j'ai trop de faiblesse sans doute... ces larmes... elles m'oppressent; oui... (*Il éclate en sanglots.*) Ah! devant toi seulement, devant toi!.. ne le dis pas Ambroise... ne le dis pas.

SCÈNE VIII.

LES MÊMES, VALÉRIE, CAROLINE.

(*Valérie et Mme Milner ont paru au fond de la scène avant la fin des paroles du baron ; Valérie a parlé bas à son amie, qui, après un geste d'assentiment, est sortie avec empressement par la porte du milieu. Après cela, Valérie se rapproche doucement et se trouve à côté du baron.*)

VALÉRIE. Ces larmes, faut-il aussi les cacher à Valérie?

LE BARON. Oh ! non, pas à vous... ah ! dans ce moment, c'est un bienfait que votre présence.

VALÉRIE, *bas à Ambroise.* Tu trouveras Mme d'Olbruck au bas de la terrasse, cours la rejoindre, et fais ce qu'elle te dira.

(*Ambroise sort.*)

SCENE IX.

LE BARON, VALÉRIE.

LE BARON. Partout où il y a une souffrance, vous vous trouvez là pour apporter une consolation ; mais en est-il pour un malheur comme le mien?

VALÉRIE. Il en est une, et je vous l'apporte... Lorsque vous êtes venu demander une explication avec M. d'Olbruck, j'étais là... j'ai entendu, et lorsqu'il vous a dit : ce billet est pour moi... je me rappelle quel fut alors le premier cri, la première parole de mon amie... de sa femme.

LE BARON. Sa première parole !

VALÉRIE. Oh! c'est une idée affreuse, horrible ; mais elle est restée dans mon esprit, elle n'en sortira pas ; et quand j'ai su qu'il n'y avait plus d'amour, plus de confiance, plus de bonheur possible entre les deux époux ; quand je viens d'apprendre qu'une chaise de poste était prête à la grille du parc, et que bientôt il devait, lui, s'enfuir avec elle.

LE BARON. Avec elle!.. ma fille!.. l'infâme !.. ah! je cours...

VALÉRIE, *le retenant.* Restez... oh ! restez !

LE BARON. Quand ils partent!..

VALÉRIE. Ils ne partiront pas, je vous le

promets ; on les surveille, et lorsque deux heures sonneront, ils reparaîtront en votre présence.

LE BARON. Clarisse !.. abandonner son père !

VALÉRIE. J'ai deviné votre chagrin, et c'est alors que je me suis rappelé cette parole de Mme d'Olbruck ; c'est alors qu'elle est rentrée dans mon ame, cette pensée plus horrible, plus réelle que jamais.

LE BARON. Cette pensée...

VALÉRIE. Dans son projet de fuite, lui, que vous maudissez tant, il avait écrit une lettre d'adieu... tenez, voici la réponse....

(Elle donne un papier au baron.)

LE BARON. De Mme Milner ?.. de votre amie ?

VALÉRIE. De... de cette femme malheureuse à celui qui voulait la fuir.... lisez !

LE BARON, lisant. « Je sais quels liens » vous unissent à Mlle Clarisse ; je sais » qu'il faut sauver son honneur, celui de » sa famille et le vôtre : votre bonheur en » dépend ; tout exige que je vous fasse le » sacrifice du mien... il n'est qu'un seul » obstacle à détruire pour que vous lui » soyez uni... » Madame !

VALÉRIE. Continuez.

LE BARON, lisant. « J'invoque nos lois ; » ceci est mon consentement au divorce. » Un acte de divorce !.. et c'est vous, vous, Valérie, dont les conseils...

VALÉRIE. Oui, monsieur, c'est moi qui ai dicté cette réponse ; c'est moi qui me suis chargée de décider à cette cruelle résolution la femme qui n'a plus le cœur de son mari.

LE BARON, avec force. Mais moi, madame, moi, croyez-vous que je pourrais jamais consentir ?.. quoi donc ! une faute pareille aurait donné des droits à cet homme, et son outrage ?...

VALÉRIE. Monsieur le baron, ayez autant de clémence, de force que... mon amie. Croyez-moi, même lorsque vous paraissez tant souffrir, vous ne pouvez avoir la triste consolation d'être le plus à plaindre... vous ne savez pas quels combats il m'a fallu livrer au cœur de cette femme pour lui faire accepter sa destinée ; vous ne savez pas quelles angoisses étaient dans son ame quand elle a vu s'anéantir à jamais son unique espérance et le rêve de toute sa vie ; enfin vous ne comprenez pas que, pour une

femme, c'est une résolution plus qu'humaine, et qui brise là ? mais il n'y a ici que le divorce... ou le suicide... (lui prenant la main avec énergie) voyez, voulez-vous tuer cette femme ?

LE BARON. Mais, Valérie, vous voulez que moi-même, qu'un père conduise sa fille aux pieds des autels, pour y jurer soumission, tendresse éternelle à l'homme qui l'a sacrifiée, et que je ne puis plus estimer. (Mouvement de Valérie.) Ecoutez-moi... et d'ailleurs, cette femme malheureuse, dois-je, même pour nous sauver de l'opprobre, profiter de cette généreuse exaltation ? (Il prend l'écrit que lui a donné Valérie, qui en ce moment se trouve placée près du secrétaire.) Tenez, tenez, vous ne pouvez le voir ; mais les forces de son ame l'ont trahie ; sa résolution a chancelé devant un tel sacrifice ; cet acte ne porte point sa signature.

VALÉRIE, prenant une plume sur le secrétaire, s'écrie. Conduisez donc ma main, monsieur le baron.

LE BARON. Quoi ! vous !... quoi ! Valérie !

VALÉRIE. Oui, Valérie... oui, elle ; oui, Ernest ! Ernest ! aidez-moi... c'est un si cruel moment... c'est mon ame que je déchire... A mon secours !

LE BARON. Ah ! que me demandez-vous ?.. Jamais, jamais, Valérie !

VALÉRIE. Vous refusez ?.. n'importe, je veux vous sauver tous ! (Elle signe, et s'écrie avec une joie frénétique.) Ernest ! tu redeviens honnête homme.

LE BARON. Ah ! je n'ai plus de pensée pour mes propres douleurs maintenant....

(Rentrée d'Ambroise.)

SCÈNE X.

LE BARON, VALÉRIE, AMBROISE.

LE BARON, continuant sans le voir. Pour cet homme... je ne garderai ni haine ni colère ; quant à ma fille... non, non, je n'en ai plus... je dois mon appui, mes consolations à celle qui s'immole pour nous tous. Madame la comtesse, Valérie, voulez-vous que je sois votre père !

VALÉRIE. Monsieur le baron, qu'aurions-nous fait si vous ne restiez pas auprès d'eux ! ils auront bien besoin de votre estime... et vous, vous aurez besoin de bonheur ; vous pouvez encore en espérer sur la terre... moi, je ne puis accepter qu'un ami , un seul, que je n'arrache à personne, à aucun bonheur, aucun plaisir, dont l'existence ne puisse être plus heureuse que la mienne, et doive s'éteindre avec la mienne... A celui-là, je ne demanderai pas s'il veut partir avec moi... car, j'en suis sûre, il est prêt... je l'entends, il pleure près de moi.. et sa main, la voilà.

AMBROISE. Ah ! madame...

VALÉRIE. Oui, toi seul, mon vieil ami , mon père, nous partirons ensemble. (*Deux heures sonnent.*) Ah !

(Deux heures sonnent. Musique en sourdine à l'orchestre.)

AMBROISE. On approche... c'est Mme Milner, M. le comte, et...

VALÉRIE. Et ma rivale... Viens, Ambroise, partons.

LE BARON. Déjà ! la nuit...

VALÉRIE. Qu'importe?.. pour moi, c'est toujours la nuit.

(Elle marche avec Ambroise vers la porte à gauche. La toile tombe.)

FIN.